Die Erfindung
der Homöopathie
Dosierung, Therapie und Heilung

Eine Betrachtung

von

Lutz Spilker

DIE ERFINDUNG DER HOMÖOPATHIE – DOSIERUNG, THERAPIE UND HEILUNG

Bibliografische Information der Deutschen Nationalbibliothek:
Die Deutsche Nationalbibliothek verzeichnet diese Publikation in der Deutschen Nationalbiblio-
grafie; detaillierte bibliografische Daten sind im Internet über http://dnb.dnb.de abrufbar.

Softcover ISBN: 978-3-384-21799-8
Ebook ISBN: 978-3-384-21800-1

© 2023 by Lutz Spilker
Druck und Distribution im Auftrag des Autors:
tredition GmbH, An der Strusbek 10, 22926 Ahrensburg, Germany

Die im Buch verwendeten Grafiken entsprechen den
Nutzungsbestimmungen der Creative-Commons-Lizenzen (CC).

Inhalt

**Der beste Arzt ist die Natur,
denn sie heilt nicht nur viele Leiden,
sondern spricht auch nie schlecht von einem Kollegen.**

Ernst Ferdinand Sauerbruch

(* 3. Juli 1875 in Barmen, heute Stadtteil von Wuppertal; † 2. Juli 1951 in Berlin)
war ein deutscher Chirurg und Sanitätsoffizier. Er war Generalarzt, Staatsrat,
Geheimrat, Hochschullehrer und einer der bedeutendsten und einflussreichsten
Chirurgen des 20. Jahrhunderts.

Vorwort

Liebe Leserinnen und Leser,

es ist mir eine besondere Freude, Sie zu diesem Buch über die kurzweilige und packende Geschichte der Homöopathie begrüßen zu dürfen. Mit ›Die Erfindung der Homöopathie‹ möchten wir Sie auf eine Reise durch die Zeit mitnehmen, um die Ursprünge, die Entwicklung und die kontroversen Diskussionen rund um diese alternative Heilmethode zu erkunden.

Die Homöopathie, wie wir sie heute kennen, ist das Ergebnis jahrhundertelanger Forschung, Entdeckungen und Debatten. Ihren Ursprung verdankt sie einem visionären Arzt aus dem 19. Jahrhundert: Samuel Hahnemann. Seine Suche nach neuen Heilmethoden und sein Streben nach einer sanften und ganzheitlichen Behandlung führten zur Entwicklung der Homöopathie, deren Grundprinzipien bis heute die Grundlage für diese Therapieform bilden.

In diesem Buch werden wir uns eingehend mit Hahnemanns Leben und Werk befassen und die Umstände untersuchen, die zur Entstehung der Homöopathie geführt haben. Wir werden die Prinzipien und Methoden dieser alternativen Heilmethode verstehen lernen und uns mit den kontroversen Fragen auseinandersetzen, die sie umgeben: Ist die Homöopathie nur ein

Placebo-Effekt oder eine probate Therapie? Welche Rolle spielen die verdünnten Substanzen und wie wirken sie?

Unser Ziel ist es, Ihnen eine umfassende Einführung in die Geschichte und die Prinzipien der Homöopathie zu bieten, damit Sie besser verstehen können, was hinter dieser Therapieform steckt. Wir laden Sie ein, mit uns auf eine Reise durch die Jahrhunderte zu gehen und die Wurzeln und die Entwicklung der Homöopathie zu entdecken.

Vielen Dank, dass Sie sich für dieses Buch entschieden haben. Wir hoffen, dass Sie es genießen und neue Erkenntnisse gewinnen werden.

Herzlichst,
Lutz Spilker

Die Vorgeschichte der Homöopathie:
Frühe Ansätze und Vorläufer

Die Geschichte der Homöopathie reicht weit zurück in die Vergangenheit, in eine Zeit, in der Heilmethoden noch von Mystik und Aberglauben geprägt waren. Schon in den antiken Zivilisationen wie der griechischen, ägyptischen und indischen Kultur finden sich Hinweise auf Formen der alternativen Heilkunst, die Parallelen zur späteren Homöopathie aufweisen.

In der antiken griechischen Medizin wurde beispielsweise die Idee der Ähnlichkeit von Symptomen und Heilmitteln bereits diskutiert. Der berühmte Arzt Hippokrates (460 v. Chr. - 370 v. Chr.), oft als Vater der Medizin bezeichnet, formulierte das Prinzip der ›Ähnlichkeit‹, wonach eine Krankheit mit einem Heilmittel behandelt werden sollte, das ähnliche Symptome hervorrufen  konnte. Diese Grundidee, die später zur Grundlage der Homöopathie werden sollte, war ein früher Vorläufer dieser Therapieform.

Auch in anderen Kulturen finden sich ähnliche Konzepte. In der indischen Ayurveda-Medizin beispielsweise wurde das

Prinzip der ›Simila‹ angewendet, bei dem Krankheiten mit Substanzen behandelt wurden, die ähnliche Eigenschaften aufwiesen wie die Symptome der Krankheit.

Ein weiterer wichtiger Vorläufer der Homöopathie war die Signaturenlehre, die im Mittelalter verbreitet war. Diese Lehre besagte, dass Pflanzen oder Substanzen, die bestimmte äußere Merkmale aufwiesen, für die Behandlung von Krankheiten geeignet seien, die ähnliche Merkmale aufwiesen. Obwohl diese Lehre nicht immer auf wissenschaftlichen Erkenntnissen basierte, trug sie doch dazu bei, das Konzept der Ähnlichkeitsregel zu etablieren und die Grundlage für die spätere Entwicklung der Homöopathie zu legen.

Es war jedoch erst im 18. Jahrhundert, dass die Homöopathie als eigenständige Therapieform formuliert und systematisiert wurde. Der deutsche Arzt Samuel Hahnemann spielte dabei eine entscheidende Rolle. Durch seine Experimente und Forschungen gelangte er zu der Erkenntnis, dass Krankheiten am besten durch Substanzen behandelt werden können, die ähnliche Symptome hervorrufen wie die Krankheit selbst.

Mit seinem Werk ›Organon der rationellen Heilkunde‹ legte Hahnemann die Grundlagen für die Homöopathie und schuf ein neues Paradigma in der Medizin. Seine bahnbrechenden Erkenntnisse und seine visionären Ideen markierten den Beginn einer neuen Ära in der Heilkunst und legten den Grundstein für die Entwicklung einer der umstrittensten Therapieformen der modernen Medizin.

Die Vorgeschichte der Homöopathie ist geprägt von verschiedenen kulturellen Einflüssen, philosophischen Konzepten und medizinischen Traditionen. Die frühen Ansätze und Vorläufer legten den Grundstein für die Entstehung der Homöopathie und prägten ihre Entwicklung bis in die Gegenwart. Sie zeigen, dass die Idee der Ähnlichkeit von Symptomen und Heilmitteln eine lange und vielfältige Geschichte hat, die bis in die frühesten Zeiten der menschlichen Medizingeschichte zurückreicht.

Samuel Hahnemann: Leben und Werk eines Pioniers

Samuel Hahnemann, geboren am 10. April 1755 in Meißen, Deutschland, war ein visionärer Arzt und der Begründer der Homöopathie. Sein Leben und Werk prägten nicht nur die medizinische Welt seiner Zeit, sondern hinterließen auch einen bleibenden Einfluss auf die moderne Medizin.

Hahnemann wuchs in einer Zeit auf, in der die medizinische Praxis von Aberglauben, fragwürdigen Heilmethoden und einem Mangel an wissenschaftlicher Grundlage geprägt war. Als junger Mann studierte er Medizin in Leipzig, wo er sich mit den medizinischen Lehren seiner Zeit auseinandersetzte und begann, an der Universität zu unterrichten. Doch schon bald geriet er in Konflikt mit den gängigen medizinischen Praktiken seiner Zeit und begann, an der Wirksamkeit vieler traditioneller Heilmittel zu zweifeln.

Es war sein unermüdlicher Forschergeist und seine Kritik an den bestehenden medizinischen Dogmen, die Hahnemann dazu veranlassten, nach neuen Wegen in der Heilkunst zu suchen. Seine ersten Experimente mit Chinarinde, einem traditionellen Heilmittel gegen Malaria, führten ihn zu der bahnbrechenden Erkenntnis, dass Krankheiten am besten durch Substanzen behandelt werden können, die ähnliche Symptome hervorrufen wie die Krankheit selbst. Diese Entdeckung bildete die Grundlage für das von ihm entwickelte Prinzip der Ähnlichkeit, das später zur Grundlage der Homöopathie wurde.

Hahnemanns Weg zur Entdeckung der Homöopathie war geprägt von wissenschaftlicher Neugierde, Experimentierfreude und einem unermüdlichen Streben nach Erkenntnis. Er durchforstete Bücher, führte zahlreiche Experimente durch und verfeinerte seine Methoden kontinuierlich, um eine wirksame und schonende Behandlungsmethode zu entwickeln.

Sein bahnbrechendes Werk ›Organon der rationellen Heilkunde‹, das erstmals 1810 veröffentlicht wurde, gilt als das grundlegende Werk der Homöopathie. In diesem Werk legte Hahnemann die Prinzipien und Methoden der Homöopathie systematisch dar und schuf damit ein neues Paradigma in der medizinischen Praxis. Seine Ideen und Erkenntnisse fanden jedoch zunächst wenig Anerkennung in der medizinischen Welt seiner Zeit und stießen auf viel Kritik und Widerstand.

Trotz der Ablehnung durch die etablierte medizinische Gemeinschaft blieb Hahnemann seinen Überzeugungen treu und setzte sich unermüdlich für die Verbreitung und Weiterentwicklung der Homöopathie ein. Sein unermüdlicher Einsatz und sein Glaube an die Wirksamkeit seiner Therapieform trugen schließlich Früchte, und die Homöopathie begann, sich in der medizinischen Praxis zu etablieren und an Bedeutung zu gewinnen.

Samuel Hahnemann war nicht nur ein Pionier der Homöopathie, sondern auch ein Vorreiter für eine neue Art des Denkens in der Medizin. Sein Leben und Werk sind ein inspirierendes Beispiel für den Mut, die Entschlossenheit und die Beharrlichkeit, die es braucht, um eine neue Idee zu verwirklichen und die Welt zu verändern. Sein Vermächtnis lebt bis heute in der Homöopathie weiter und inspiriert Menschen auf der ganzen Welt, nach neuen Wegen in der Heilkunst zu suchen.

Die Entdeckung des Ähnlichkeitsprinzips

Die Homöopathie, wie wir sie heute kennen, basiert auf einem grundlegenden Prinzip, das als Ähnlichkeitsprinzip bekannt ist. Dieses Prinzip besagt, dass Krankheiten am besten mit Substanzen behandelt werden können, die ähnliche Symptome hervorrufen wie die Krankheit selbst. Die Entdeckung und Formulierung dieses Prinzips markierte einen Wendepunkt in der Geschichte der Medizin und legte den Grundstein für die Entwicklung der Homöopathie.

Die Geschichte des Ähnlichkeitsprinzips reicht zurück bis ins 18. Jahrhundert, als der deutsche Arzt Samuel Hahnemann durch seine Experimente mit Chinarinde zu dieser bahnbrechenden Erkenntnis gelangte. Hahnemann beobachtete, dass Chinarinde, die traditionell zur Behandlung von Malaria eingesetzt wurde, Symptome ähnlich denen der Malaria hervorrufen konnte, wenn sie in hoher Dosis verabreicht wurde. Dies führte ihn zu der Hypothese, dass Krankheiten am besten mit Substanzen behandelt werden können, die ähnliche Symptome hervorrufen wie die Krankheit selbst.

Hahnemann begann, diese Hypothese weiter zu erforschen und führte zahlreiche Experimente durch, um die Wirksamkeit dieser Methode zu überprüfen. Seine Experimente bestätigten seine Vermutung, und er gelangte zu der Überzeugung, dass das Prinzip der Ähnlichkeit eine effektive und schonende Behandlungsmethode darstellte.

In seinem Werk ›Organon der rationellen Heilkunde‹, das 1810 erstmals veröffentlicht wurde, formulierte Hahnemann das Ähnlichkeitsprinzip systematisch und legte die Grundlagen für die Homöopathie. Er beschrieb, wie Substanzen durch Potenzierung, also durch Verdünnung und Verschüttelung, ihre therapeutische Wirkung entfalten und wie sie gezielt eingesetzt werden können, um die Selbstheilungskräfte des Körpers anzuregen.

Die Entdeckung des Ähnlichkeitsprinzips revolutionierte das Verständnis von Krankheit und Heilung und führte zu einem Paradigmenwechsel in der medizinischen Praxis. Sie machte den Weg frei für eine neue Art der Therapie, die sich von den traditionellen Methoden der Medizin abhob und eine sanfte und ganzheitliche Behandlungsmethode darstellte.

Heute ist das Ähnlichkeitsprinzip ein zentraler Bestandteil der Homöopathie und bildet die Grundlage für die Auswahl und Verschreibung homöopathischer Arzneimittel. Es ist ein wichtiges Prinzip, das nicht nur das Verständnis von Krankheit und Heilung beeinflusst, sondern auch die Art und Weise, wie wir Krankheiten behandeln und unsere Gesundheit erhalten. Die Entdeckung des Ähnlichkeitsprinzips durch Samuel Hahnemann war ein Meilenstein in der Geschichte der Medizin und bleibt bis heute ein wesentlicher Bestandteil der homöopathischen Praxis.

Die Geburt der Homöopathie: Die ersten Experimente und Erfahrungen

Die Geburt der Homöopathie war das Ergebnis von Samuel Hahnemanns bahnbrechenden Experimenten und Erfahrungen, die ihn zu der Entdeckung eines neuen Behandlungsansatzes führten. In diesem Kapitel werfen wir einen Blick auf die Anfänge der Homöopathie und die entscheidenden Experimente, die zur Formulierung ihrer Grundprinzipien führten.

 Hahnemanns Reise zur Entdeckung der Homöopathie begann mit seinen Experimenten mit Chinarinde, einem traditionellen Heilmittel gegen Malaria. Durch die Einnahme von Chinarinde stellte Hahnemann fest, dass er Symptome entwickelte, die denen ähnelten, die er bei Malaria-Patienten beobachtet hatte. Dies führte ihn zu der Erkenntnis, dass Substanzen, die ähnliche Symptome hervorrufen können, auch zur Behandlung dieser Symptome eingesetzt werden können.

Diese Erkenntnis war der Ausgangspunkt für eine Reihe von Experimenten, die Hahnemann durchführte, um die Wirksamkeit dieses Ansatzes zu überprüfen. Er begann, verschiedene Substanzen an sich selbst und anderen zu testen und sorgfältig die Reaktionen und Symptome zu beobachten, die sie hervorriefen. Diese Experimente waren nicht nur von wissenschaftlichem Interesse, sondern dienten auch dazu, die Wirksamkeit und Sicherheit der Homöopathie zu demonstrieren.

Einige der frühesten und bekanntesten Experimente von Hahnemann betrafen die Potenzierung von Substanzen. Durch Verdünnung und Verschüttelung gelang es ihm, die therapeutische Wirkung der Substanzen zu verstärken und gleichzeitig ihre Toxizität zu reduzieren. Diese Methode der Potenzierung wurde zu einem zentralen Bestandteil der homöopathischen Praxis und ist bis heute eine der wichtigsten Techniken, die in der Herstellung homöopathischer Arzneimittel angewendet werden.

Die Ergebnisse dieser Experimente und Erfahrungen bildeten die Grundlage für Hahnemanns bahnbrechendes Werk ›Organon der rationellen Heilkunde‹, das 1810 erstmals veröffentlicht wurde. In diesem Werk legte er die Prinzipien und Methoden der Homöopathie systematisch dar und schuf damit ein neues Paradigma in der medizinischen Praxis.

Die ersten Experimente und Erfahrungen von Samuel Hahnemann markierten den Beginn einer neuen Ära in der Heilkunst und legten den Grundstein für die Entwicklung der Homöopathie. Sie zeigten, dass die Homöopathie nicht nur eine theoretische Idee war, sondern eine wirksame und schonende Behandlungsmethode, die das Potenzial hatte, das Leben vieler Menschen zu verbessern.

Die Veröffentlichung der ersten Schriften über die Homöopathie

Die Veröffentlichung der ersten Schriften über die Homöopathie markierte einen Wendepunkt in der Geschichte dieser alternativen Heilmethode und legte den Grundstein für ihre weitere Verbreitung und Entwicklung. In diesem Kapitel werfen wir einen Blick auf die bedeutendsten Veröffentlichungen, die das Fundament der Homöopathie legten und ihren Weg in die medizinische Welt ebneten.

Ein Meilenstein in der Verbreitung der Homöopathie war die Veröffentlichung von Samuel Hahnemanns Werk ›Organon der rationellen Heilkunde‹ im Jahr 1810. In diesem bahnbrechenden Werk formulierte Hahnemann erstmals systematisch die Prinzipien und Methoden der Homöopathie und schuf damit ein neues Paradigma in der medizinischen Praxis. Das ›Organon‹ gilt bis heute als das grundlegende Werk der Homöopathie und bildet die Grundlage für die homöopathische Therapie.

Ein weiteres wichtiges Werk in der Geschichte der Homöopathie war Hahnemanns ›Materia Medica Pura‹, das 1811 veröffentlicht wurde. In diesem umfangreichen Werk beschrieb Hahnemann die Wirkungen von mehr als 60 homöopathischen Arzneimitteln und legte damit den Grundstein für die Entwicklung der homöopathischen Arzneimittellehre. Die ›Materia Medica Pura‹ ist bis heute ein wichtiger Referenzpunkt für homöopathische Ärzte und Therapeuten und dient als Grundlage für die Verschreibung homöopathischer Arzneimittel.

Die Veröffentlichung dieser und anderer wichtiger Werke trug dazu bei, die Homöopathie einer breiteren Öffentlichkeit bekannt zu machen und ihre Akzeptanz in der medizinischen Welt zu fördern. Sie schufen eine solide Basis für die weitere Entwicklung und Verbreitung der Homöopathie und ebneten den Weg für ihre Integration in die medizinische Praxis.

Die Veröffentlichung der ersten Schriften über die Homöopathie war ein entscheidender Schritt in der Geschichte dieser alternativen Heilmethode. Sie legten den Grundstein für ihre weitere Verbreitung und Entwicklung und trugen dazu bei, sie zu einer etablierten Therapieform in der medizinischen Praxis zu machen. Bis heute sind diese Werke wichtige Referenzpunkte für homöopathische Ärzte und Therapeuten und dienen als Grundlage für die homöopathische Ausbildung und Praxis.

Die Herausforderungen der Anfangsjahre: Kritik und Widerstand

Die Anfangsjahre der Homöopathie waren geprägt von zahlreichen Herausforderungen, darunter insbesondere Kritik und Widerstand seitens der etablierten medizinischen Gemeinschaft. In diesem Kapitel werfen wir einen Blick auf die wichtigsten Herausforderungen, mit denen die Homöopathie in ihren Anfängen konfrontiert war, und auf die Strategien, mit denen ihre Befürworter darauf reagierten.

Eine der größten Herausforderungen für die Homöopathie war die Ablehnung durch die etablierte medizinische Gemeinschaft. Viele Ärzte und Wissenschaftler betrachteten die Homöopathie als unorthodoxe und unwissenschaftliche Heilmethode und kritisierten ihre Prinzipien und Methoden als nicht nachweisbar und ineffektiv. Diese Kritik führte zu einem starken Widerstand gegen die Homöopathie und erschwerte ihre Verbreitung und Akzeptanz in der medizinischen Welt.

Ein weiteres Hindernis für die Homöopathie waren rechtliche und regulatorische Hürden, die ihre Praxis und Verbreitung behinderten. In vielen Ländern wurden Gesetze erlassen, die die Praxis der Homöopathie einschränkten oder verbaten, und homöopathische Ärzte und Therapeuten wurden häufig mit rechtlichen Schritten und Vorwürfen konfrontiert. Diese rechtlichen Herausforderungen erschwerten es der Homöopathie, sich als anerkannte Therapieform zu etablieren und ihren Platz in der medizinischen Praxis zu finden.

Trotz dieser Herausforderungen setzten die Befürworter der Homöopathie alles daran, ihre Therapieform zu verteidigen und zu fördern. Sie organisierten Kongresse, veröffentlichten Zeitschriften und gründeten Schulen und Institutionen, um die Homöopathie zu fördern und ihr eine Plattform in der medizinischen Welt zu geben. Sie führten wissenschaftliche Studien durch, um die Wirksamkeit der Homöopathie zu belegen, und sammelten Erfahrungsberichte und Fallstudien, um ihre Ergebnisse zu dokumentieren.

Langsam, aber stetig begann die Homöopathie, sich gegen die Widerstände durchzusetzen und an Bedeutung zu gewinnen. Neue Generationen von Ärzten und Therapeuten entdeckten die Homöopathie und wandten ihre Prinzipien und Methoden in ihrer Praxis an. Die wachsende Zahl von Anhängern und die steigende Nachfrage nach homöopathischen Behandlungen trugen dazu bei, die Homöopathie als etablierte Therapieform in der medizinischen Landschaft zu verankern.

Die Herausforderungen der Anfangsjahre waren für die Homöopathie eine wichtige Prüfung, die sie erfolgreich meisterte. Sie stärkten die Homöopathie in ihrem Selbstverständnis und halfen ihr, sich als ernstzunehmende Therapieform zu etablieren. Trotz anfänglicher Kritik und Widerstände hat die Homöopathie ihren Platz in der medizinischen Welt gefunden und ist heute eine anerkannte und weit verbreitete Alternative zur konventionellen Medizin.

Die Verfeinerung der homöopathischen Prinzipien und Methoden

Die Homöopathie hat sich im Laufe der Zeit stetig weiterentwickelt und ihre Prinzipien und Methoden wurden kontinuierlich verfeinert, um ihre Wirksamkeit und Anwendbarkeit zu verbessern. In diesem Kapitel werfen wir einen genaueren Blick auf die bedeutendsten Entwicklungen und Innovationen, die zur Verfeinerung der homöopathischen Prinzipien und Methoden beigetragen haben.

Eine der wichtigsten Entwicklungen in der Geschichte der Homöopathie war die Verfeinerung der Potenzierungsmethoden. Samuel Hahnemann experimentierte zunächst mit einer begrenzten Anzahl von Potenzen, aber im Laufe der Zeit wurden immer feinere Potenzierungen entwickelt, die es ermöglichten, die therapeutische Wirkung der Arzneimittel zu verstärken, ohne ihre Toxizität zu erhöhen. Diese Fortschritte in der Potenzierungstechnik trugen dazu bei, die Wirksamkeit und Sicherheit homöopathischer Arzneimittel zu verbessern und eröffneten neue Möglichkeiten für ihre Anwendung.

Ein weiterer wichtiger Schritt in der Entwicklung der Homöopathie war die Verfeinerung der Arzneimittelprüfungen. Frühe Arzneimittelprüfungen wurden oft unstrukturiert und ungenau durchgeführt, aber im Laufe der Zeit wurden standardisierte Verfahren entwickelt, um die Wirkungen von homöopathischen Arzneimitteln systematisch zu erfassen und zu dokumentieren. Diese verbesserten Arzneimittelprüfungen lieferten genauere und zuverlässigere Informationen über die Wirkungen der Arzneimittel und halfen den Homöopathen dabei, die richtigen Arzneimittel für ihre Patienten auszuwählen.

Die Verfeinerung der homöopathischen Prinzipien und Methoden umfasste auch die Entwicklung neuer Konzepte und Techniken zur Diagnose und Behandlung von Krankheiten. Homöopathen begannen, ganzheitlichere Ansätze zu verfolgen und die individuellen Bedürfnisse und Lebensumstände ihrer Patienten stärker zu berücksichtigen. Sie entwickelten neue Methoden zur Anamneseerhebung und zur Fallanalyse, um ein umfassenderes Bild von den Patienten zu erhalten und ihre Behandlung entsprechend anzupassen.

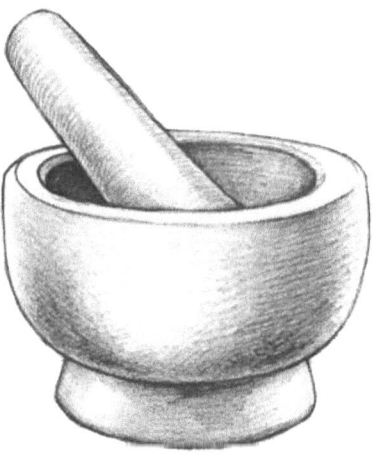

Darüber hinaus trugen wissenschaftliche Fortschritte und technologische Innovationen dazu bei, die Homöopathie weiter zu verfeinern. Neue Forschungsergebnisse und Erkenntnisse aus verwandten Bereichen wie der Biologie, der Physik und der Psychologie flossen in die homöopathische Praxis ein und erweiterten das Verständnis von Krankheit und Heilung.

Die Verfeinerung der homöopathischen Prinzipien und Methoden war ein fortlaufender Prozess, der bis heute anhält. Durch ständige Weiterentwicklung und Anpassung bleibt die Homöopathie eine lebendige und dynamische Therapieform, die sich den Bedürfnissen und Herausforderungen der Zeit anpasst und ihre Wirksamkeit und Relevanz in der medizinischen Praxis bewahrt.

Die Verbreitung der Homöopathie:
Von Deutschland in die Welt

Die Verbreitung der Homöopathie von Deutschland in die Welt war ein faszinierender Prozess, der die Homöopathie zu einer globalen Therapieform machte und ihren Einfluss auf die medizinische Praxis in verschiedenen Ländern und Kulturen verankerte. In diesem Kapitel werden wir die bedeutendsten Meilensteine und Entwicklungen auf dem Weg der Homöopathie von Deutschland aus in die Welt betrachten.

Die Ausbreitung der Homöopathie begann im frühen 19. Jahrhundert, als Samuel Hahnemann seine ersten Werke veröffentlichte und seine Prinzipien und Methoden bekannt machte. Seine Schriften fanden schnell ein internationales Publikum und weckten das Interesse von Ärzten und Therapeuten in anderen Ländern. Homöopathische Praktizierende reisten nach Deutschland, um bei Hahnemann zu studieren und seine Methoden zu erlernen, und kehrten dann in ihre Heimatländer zurück, um die Homöopathie dort zu verbreiten.

Ein bedeutender Meilenstein in der Verbreitung der Homöopathie war die Gründung der ersten homöopathischen Schulen und Kliniken außerhalb Deutschlands. In den folgenden Jahrzehnten entstanden in verschiedenen Ländern Europas und Amerikas homöopathische Ausbildungsstätten, die eine formale Ausbildung in der Homöopathie anboten und homöopathische Ärzte und Therapeuten ausbildeten. Diese Schulen spielten eine wichtige Rolle dabei, die Homöopathie als etablierte Therapieform in der medizinischen Praxis zu verankern.

Die Verbreitung der Homöopathie wurde auch durch die Entwicklung neuer Arzneimittel und Potenzierungsverfahren vorangetrieben. Homöopathische Ärzte und Apotheker experimentierten mit neuen Substanzen und Potenzen, um die Wirksamkeit und Anwendbarkeit der Homöopathie zu verbessern. Diese Fortschritte trugen dazu bei, die Homöopathie attraktiver zu machen und ihre Akzeptanz in der medizinischen Gemeinschaft zu erhöhen.

Ein weiterer wichtiger Faktor in der Verbreitung der Homöopathie war die wachsende Nachfrage nach alternativen Heilmethoden und die Suche vieler Menschen nach sanften und ganzheitlichen Behandlungsmethoden. Die Homöopathie sprach eine breite Palette von Menschen an, die mit den Einschränkungen und Nebenwirkungen der konventionellen Medizin unzufrieden waren und nach neuen Ansätzen zur Erhaltung ihrer Gesundheit suchten.

Heute ist die Homöopathie in vielen Ländern der Welt fest verankert und wird von Millionen von Menschen als wirksame und schonende Therapieform geschätzt. Von Deutschland aus hat sich die Homöopathie zu einer globalen Bewegung entwickelt, die Menschen auf der ganzen Welt hilft, ihre Gesundheit zu verbessern und ihr Wohlbefinden zu steigern.

Die Etablierung der Homöopathie als alternative Heilmethode

Die Etablierung der Homöopathie als alternative Heilmethode war ein langwieriger Prozess, der die Homöopathie von einer marginalisierten Randerscheinung zu einer anerkannten und respektierten Therapieform in der medizinischen Landschaft machte. In diesem Kapitel werden wir die verschiedenen Schritte und Entwicklungen betrachten, die zur Etablierung der Homöopathie als alternative Heilmethode beigetragen haben.

Ein wichtiger Faktor bei der Etablierung der Homöopathie war die wachsende Nachfrage nach alternativen Heilmethoden und die Suche vieler Menschen nach sanften und ganzheitlichen Behandlungsmöglichkeiten. Insbesondere in Zeiten des gesellschaftlichen Wandels und der Unsicherheit suchten immer mehr Menschen nach alternativen Ansätzen zur Erhaltung ihrer Gesundheit und zur Behandlung ihrer Beschwerden. Die Homöopathie sprach diese Bedürfnisse an und bot eine sanfte und ganzheitliche Alternative zur konventionellen Medizin.

Ein weiterer wichtiger Schritt in der Etablierung der Homöopathie war die Entwicklung einer umfangreichen Forschungsbasis und wissenschaftlichen Literatur, die ihre Wirksamkeit und Sicherheit belegte. In den letzten Jahrzehnten wurden zahlreiche klinische Studien und Forschungsarbeiten zur Homöopathie durchgeführt, die positive Ergebnisse hervorbrachten und ihre Anwendbarkeit in verschiedenen Bereichen der Medizin untermauerten. Diese wissenschaftliche Evidenz half dabei, die Skepsis und Ablehnung gegenüber der Homöopathie zu überwinden und ihre Akzeptanz in der medizinischen Gemeinschaft zu erhöhen.

Die Etablierung der Homöopathie wurde auch durch die wachsende Zahl von Homöopathen und homöopathischen Ärzten vorangetrieben, die ihre Prinzipien und Methoden aktiv in ihrer Praxis anwandten und damit positive Ergebnisse erzielten. Diese Praktizierenden spielten eine wichtige Rolle dabei, die Homöopathie als ernstzunehmende und wirksame Therapieform zu etablieren und ihr einen festen Platz in der medizinischen Landschaft zu verschaffen.

Darüber hinaus trugen gesetzliche und regulatorische Entwicklungen zur Etablierung der Homöopathie bei, indem sie ihre Praxis und Anwendung unterstützten und förderten. In vielen Ländern wurden Gesetze erlassen, die die Ausbildung und Praxis von homöopathischen Ärzten und Therapeuten regelten und ihnen einen rechtlichen Rahmen boten, in dem sie arbeiten konnten. Diese rechtlichen Rahmenbedingungen halfen dabei, das Vertrauen der Öffentlichkeit in die Homöopathie zu stärken und ihre Integration in das Gesundheitssystem zu erleichtern.

Insgesamt war die Etablierung der Homöopathie als alternative Heilmethode ein Ergebnis von langjährigen Bemühungen und Entwicklungen, die die Homöopathie von einer Randerscheinung zu einer etablierten und respektierten Therapieform machten. Heute ist die Homöopathie fest in vielen Ländern der Welt verankert und wird von Millionen von Menschen als wirksame und schonende Alternative zur konventionellen Medizin geschätzt.

Die Homöopathie im 19. Jahrhundert:

Blütezeit und Kontroversen

Das 19. Jahrhundert war eine Blütezeit für die Homöopathie, in der sie sich als bedeutende alternative Heilmethode etablierte und eine große Anhängerschaft gewann. Gleichzeitig war dieses Jahrhundert jedoch auch von Kontroversen und Debatten um die Wirksamkeit und Legitimität der Homöopathie geprägt. In diesem Kapitel werfen wir einen detaillierten Blick auf die Entwicklung der Homöopathie im 19. Jahrhundert und die Kontroversen, die sie begleiteten.

Die Homöopathie erlebte im 19. Jahrhundert eine rasche Ausbreitung und Popularität, insbesondere in Europa und den Vereinigten Staaten. Zahlreiche homöopathische Schulen und Kliniken wurden gegründet, und homöopathische Ärzte und Therapeuten gewannen an Einfluss und Ansehen in der medizinischen Gemeinschaft. Die Homöopathie wurde zunehmend als wirksame und schonende Alternative zur konventionellen Medizin anerkannt und von immer mehr Menschen nachgefragt.

Diese Blütezeit der Homöopathie wurde jedoch von kontroversen Diskussionen und Debatten begleitet, in denen ihre Wirksamkeit und Legitimität in Frage gestellt wurden. Kritiker warfen der Homöopathie vor, unwissenschaftlich und irrational zu sein und ihre Prinzipien und Methoden seien nicht nachweisbar und widersprüchlich. Diese Kontroversen führten zu hitzigen Diskussionen in der medizinischen Gemeinschaft und trugen dazu bei, die Homöopathie zu einer umstrittenen und polarisierenden Therapieform zu machen.

Eine der bedeutendsten Kontroversen im 19. Jahrhundert war die Debatte um die Potenzierung von homöopathischen Arzneimitteln. Kritiker behaupteten, dass die Potenzierungsmethoden der Homöopathie unwissenschaftlich und absurd seien und dass homöopathische Arzneimittel keine therapeutische Wirkung haben könnten. Befürworter der Homöopathie verteidigten hingegen die Potenzierung als einen wesentlichen Bestandteil der homöopathischen Therapie und verwiesen auf ihre langjährige Anwendung und Erfolgsgeschichte.

Eine weitere Kontroverse betraf die Anwendung der Homöopathie bei epidemischen Krankheiten wie Cholera und Typhus. Homöopathische Ärzte behaupteten, dass homöopathische Arzneimittel wirksam zur Behandlung dieser Krankheiten eingesetzt werden könnten, während konventionelle Ärzte dies bestritten und auf die begrenzte Wirksamkeit der Homöopathie verwiesen. Diese Kontroversen führten zu heftigen Auseinandersetzungen zwischen den verschiedenen medizinischen Lagern und trugen dazu bei, die Spaltung zwischen der homöopathischen und der konventionellen Medizin zu vertiefen.

Trotz dieser Kontroversen setzte sich die Homöopathie im 19. Jahrhundert erfolgreich durch und festigte ihren Platz in der medizinischen Landschaft. Sie gewann eine breite Anhänger-schaft und wurde zu einer etablierten und respektierten Therapieform, die Millionen von Menschen auf der ganzen Welt half, ihre Gesundheit zu verbessern und ihre Beschwerden zu lindern.

Die Entstehung homöopathischer Schulen und Institutionen

Die Entstehung homöopathischer Schulen und Institutionen markiert einen bedeutenden Schritt in der Entwicklung und Verbreitung der Homöopathie als alternative Heilmethode. In diesem Kapitel werden wir die Gründung und Entwicklung homöopathischer Schulen und Institutionen im Laufe der Geschichte betrachten und ihre Rolle bei der Förderung und Etablierung der Homöopathie untersuchen.

Der Bedarf an formalen Ausbildungseinrichtungen für Homöopathen wurde bereits früh erkannt, als die Homöopathie an Popularität gewann und eine wachsende Anzahl von Menschen begann, sich für diese Therapieform zu interessieren. In den ersten Jahren nach der Entstehung der Homöopathie im späten 18. Jahrhundert wurden informelle Lehr- und Ausbildungsprogramme von erfahrenen Homöopathen angeboten, die ihr Wissen an interessierte Schüler weitergaben.

Im Laufe der Zeit wurden jedoch formale homöopathische Schulen und Institutionen gegründet, um eine strukturierte und umfassende Ausbildung in der Homöopathie anzubieten. Eine der ersten homöopathischen Schulen war die ›Allgemeine homöopathische Krankenanstalt‹ in Leipzig, die von Samuel Hahnemann selbst gegründet wurde. Diese Schule bot Kurse und Seminare zur homöopathischen Medizin an und zog Studenten aus der ganzen Welt an.

Die Gründung weiterer homöopathischer Schulen folgte in den kommenden Jahren, sowohl in Deutschland als auch in anderen Ländern Europas und Amerikas. Diese Schulen boten eine Vielzahl von Ausbildungsprogrammen an, die von kurzen Kursen und Workshops bis hin zu umfassenden Studiengängen reichten. Sie wurden von erfahrenen Homöopathen geleitet und boten eine praxisorientierte Ausbildung, die sowohl theoretisches Wissen als auch praktische Fähigkeiten vermittelte.

Homöopathische Schulen spielten eine entscheidende Rolle dabei, die Homöopathie als etablierte und respektierte Therapieform in der medizinischen Gemeinschaft zu verankern. Sie förderten den Austausch von Wissen und Erfahrungen zwischen Homöopathen und trugen zur Entwicklung und Verfeinerung der homöopathischen Prinzipien und Methoden bei. Sie dienten auch als Zentren der Forschung und Innovation, in denen neue Arzneimittel und Potenzierungsmethoden entwickelt und erprobt wurden.

Darüber hinaus spielten homöopathische Schulen eine wichtige Rolle bei der Förderung des professionellen Status von Homöopathen und der Regulierung ihrer Praxis. Sie setzten Standards für die Ausbildung und Praxis von Homöopathen fest und trugen dazu bei, das Vertrauen der Öffentlichkeit in die Homöopathie zu stärken. Durch ihre Arbeit trugen homöopathische Schulen und Institutionen wesentlich dazu bei, die Homöopathie als ernstzunehmende und wirksame Therapieform zu etablieren und ihren Einfluss in der medizinischen Landschaft zu festigen.

Die Weiterentwicklung der Homöopathie

im 20. Jahrhundert

Das 20. Jahrhundert war eine Zeit der Weiterentwicklung und Diversifizierung der Homöopathie, in der neue Strömungen und Ansätze entstanden und die Homöopathie ihre Position als alternative Heilmethode festigte. In diesem Kapitel werden wir die wichtigsten Entwicklungen und Trends in der Homöopathie des 20. Jahrhunderts betrachten und ihre Auswirkungen auf die Praxis und Anwendung der Homöopathie untersuchen.

Eine bedeutende Entwicklung in der Homöopathie des 20. Jahrhunderts war die Weiterentwicklung und Verfeinerung der homöopathischen Prinzipien und Methoden. Homöopathische Ärzte und Forscher experimentierten mit neuen Arzneimitteln und Potenzierungsmethoden und entwickelten innovative Ansätze zur Anwendung der Homöopathie in verschiedenen medizinischen Bereichen. Diese Weiterentwicklung trug dazu bei, die Wirksamkeit und Anwendbarkeit der Homöopathie zu verbessern und ihre Akzeptanz in der medizinischen Gemeinschaft zu erhöhen.

Eine weitere wichtige Entwicklung war die Integration der Homöopathie in das moderne Gesundheitssystem. In vielen Ländern wurden homöopathische Kliniken und Einrichtungen gegründet, die eine breite Palette von homöopathischen Behandlungen und Dienstleistungen anboten. Homöopathische Ärzte arbeiteten zunehmend in multidisziplinären Teams mit konventionellen Ärzten zusammen und integrierten die Homöopathie in ganzheitliche Behandlungsansätze.

Im Laufe des 20. Jahrhunderts gewann die Homöopathie auch international an Bedeutung und Verbreitung. Homöopathische Schulen und Ausbildungseinrichtungen wurden in vielen Ländern gegründet, und die Homöopathie wurde zu einem integralen Bestandteil des Gesundheitssystems in Ländern auf der ganzen Welt. Die Homöopathie wurde zunehmend von Regierungen und Gesundheitsbehörden anerkannt und gefördert, und homöopathische Behandlungen wurden in vielen Fällen von Krankenversicherungen übernommen.

Trotz dieser Fortschritte war das 20. Jahrhundert auch von Herausforderungen und Kontroversen für die Homöopathie geprägt. Kritiker warfen der Homöopathie weiterhin vor, unwissenschaftlich und irrational zu sein, und forderten eine strengere Regulierung und Überprüfung ihrer Praktiken. Diese Kontroversen führten zu hitzigen Diskussionen in der medizinischen Gemeinschaft und trugen dazu bei, die Homöopathie als umstrittene und polarisierende Therapieform zu etablieren.

Insgesamt war das 20. Jahrhundert eine Zeit der Weiterentwicklung und Konsolidierung der Homöopathie, in der sie sich als ernstzunehmende und wirksame Therapieform etablierte und ihren Einfluss in der medizinischen Landschaft festigte. Trotz der Herausforderungen und Kontroversen blieb die Homöopathie eine wichtige Alternative zur konventionellen Medizin und eine geschätzte Ressource für Millionen von Menschen auf der ganzen Welt.

Die Homöopathie im Spannungsfeld zwischen Schulmedizin und Alternativmedizin

Die Homöopathie befindet sich seit ihrer Entstehung im Spannungsfeld zwischen der Schulmedizin und der Alternativmedizin, und dieses Spannungsfeld hat sich im Laufe der Geschichte weiterentwickelt und verändert. In diesem Kapitel werden wir die komplexe Beziehung zwischen der Homöopathie, der Schulmedizin und der Alternativmedizin untersuchen und die verschiedenen Dynamiken und Kontroversen analysieren, die diese Beziehung geprägt haben.

Die Beziehung zwischen der Homoopathie und der Schulmedizin war von Anfang an geprägt von Skepsis, Ablehnung und Kontroversen. Die Schulmedizin betrachtete die Homöopathie lange Zeit als unwissenschaftlich und irrational und forderte eine strenge Überprüfung ihrer Praktiken und Methoden. Homöopathische Ärzte und Praktizierende wurden oft stigmatisiert und marginalisiert und mussten sich gegen Vorurteile und Anfeindungen verteidigen.

Trotz dieser Spannungen gab es jedoch auch Momente der Annäherung und Zusammenarbeit zwischen der Homöopathie und der Schulmedizin. Insbesondere in Zeiten des gesellschaftlichen Wandels und der wachsenden Nachfrage nach alternativen Heilmethoden wurden vermehrt Versuche unternommen, die Kluft zwischen der Schulmedizin und der Homöopathie zu überbrücken und gemeinsame Schnittmengen zu finden. Einige Schulmediziner begannen, die Homöopathie als ergänzende Therapieform zu betrachten und arbeiteten mit homöopathischen Ärzten zusammen, um ganzheitliche Behandlungsansätze zu entwickeln.

Die Beziehung zwischen der Homöopathie und der Alternativmedizin war dagegen von größerer Sympathie und Zusammenarbeit geprägt. Die Homöopathie wurde von vielen Anhängern der Alternativmedizin als integraler Bestandteil eines ganzheitlichen Gesundheitsansatzes angesehen und wurde oft in Kombination mit anderen alternativen Therapien eingesetzt. Homöopathische Praktizierende arbeiteten oft eng mit anderen alternativmedizinischen Fachkräften zusammen und teilten eine gemeinsame Vision von Gesundheit und Heilung.

Trotz dieser Annäherungen blieb die Homöopathie jedoch ein umstrittenes und polarisierendes Thema im Bereich der Medizin. Die Debatten und Kontroversen um ihre Wirksamkeit, Sicherheit und Legitimität halten bis heute an und spiegeln die tieferen Meinungsverschiedenheiten und Wertekonflikte wider, die das Gesundheitswesen prägen. Die Homöopathie bleibt somit ein faszinierendes und umstrittenes Phänomen, das weiterhin die Gemüter erhitzt und die Grenzen zwischen Schulmedizin und Alternativmedizin herausfordert.

Die wissenschaftliche Debatte um die Wirksamkeit der Homöopathie

Die wissenschaftliche Debatte um die Wirksamkeit der Homöopathie ist ein zentrales Thema, das seit Jahrhunderten die medizinische Gemeinschaft und die Öffentlichkeit beschäftigt. In diesem Kapitel werden wir die verschiedenen Facetten dieser Debatte beleuchten und die wissenschaftlichen Erkenntnisse sowie die Kontroversen und Herausforderungen analysieren, die damit verbunden sind.

Die Debatte um die Wirksamkeit der Homöopathie ist eng mit ihrer Grundlage und ihren Prinzipien verbunden, insbesondere dem Ähnlichkeitsprinzip und der Potenzierung von Arzneimitteln. Kritiker der Homöopathie argumentieren, dass diese Prinzipien wissenschaftlich nicht plausibel sind und dass homöopathische Arzneimittel keine messbare therapeutische Wirkung haben können. Sie verweisen auf zahlreiche Studien und Untersuchungen, die keine über den Placeboeffekt hinausgehende Wirksamkeit der Homöopathie nachweisen konnten.

Befürworter der Homöopathie verteidigen hingegen ihre Wirksamkeit und argumentieren, dass sie durch eine Vielzahl von klinischen Studien und Beobachtungen belegt ist. Sie verweisen auf Studien, die positive Ergebnisse für die Homöopathie zeigen und darauf hinweisen, dass sie eine wirksame und schonende Behandlungsmethode für eine Vielzahl von Krankheiten und Beschwerden sein kann. Darüber hinaus betonen sie, dass die Homöopathie als ganzheitliche Therapieform den individuellen Bedürfnissen und dem Gesamtbefinden des Patienten Rechnung trägt, was in herkömmlichen wissenschaftlichen Studien möglicherweise nicht vollständig erfasst wird.

Eine besondere Herausforderung bei der Bewertung der Wirksamkeit der Homöopathie ist die Unterscheidung zwischen spezifischen und unspezifischen Effekten. Da homöopathische Arzneimittel oft stark verdünnt sind und keine nachweisbaren Mengen an Wirkstoffen enthalten, ist es schwierig, ihre spezifische Wirkung von Placeboeffekten und anderen unspezifischen Faktoren zu trennen. Dies führt zu kontroversen Diskussionen darüber, wie Studien zur Wirksamkeit der Homöopathie gestaltet und interpretiert werden sollten.

Trotz dieser Debatten und Kontroversen bleibt die wissenschaftliche Debatte um die Wirksamkeit der Homöopathie ein aktuelles und kontroverses Thema in der medizinischen Forschung. Neue Studien und Erkenntnisse werden weiterhin dazu beitragen, unser Verständnis von der Homöopathie und ihrer Rolle im Gesundheitswesen zu vertiefen und die Grundlage für fundierte Entscheidungen und Empfehlungen zu schaffen. Bis dahin wird die Diskussion um die Wirksamkeit der Homöopathie weiterhin die medizinische Gemeinschaft und die Öffentlichkeit beschäftigen.

Die Rolle der Homöopathie in verschiedenen Ländern und Kulturen

Die Homöopathie hat eine vielfältige und faszinierende Rolle in verschiedenen Ländern und Kulturen auf der ganzen Welt gespielt. In diesem Kapitel werden wir die einzigartigen Wege untersuchen, auf denen die Homöopathie in verschiedenen Teilen der Welt praktiziert, angenommen und interpretiert wurde, sowie ihre kulturelle, historische und gesellschaftliche Bedeutung in verschiedenen Kontexten beleuchten.

Europa gilt traditionell als das Zentrum der Homöopathie, insbesondere Deutschland, wo sie von Samuel Hahnemann im späten 18. Jahrhundert entwickelt wurde. In Deutschland hat die Homöopathie eine lange und reiche Tradition und ist fest in das Gesundheitssystem integriert. Homöopathische Kliniken, Praxen und Ausbildungseinrichtungen sind weit verbreitet, und homöopathische Arzneimittel sind in Apotheken und Drogerien erhältlich. Die Homöopathie wird von Millionen von Menschen in Deutschland und anderen europäischen Ländern als wirksame und ganzheitliche Therapieform geschätzt.

In Indien hat die Homöopathie ebenfalls eine tiefe Verwurzelung und eine breite Anhängerschaft gefunden. Die Homöopathie wurde im 19. Jahrhundert von deutschen Ärzten nach Indien gebracht und hat sich seitdem zu einer der beliebtesten alternativen Heilmethoden des Landes entwickelt. Homöopathische Kliniken und Krankenhäuser sind in Indien weit verbreitet, und die Homöopathie wird von vielen Menschen als kostengünstige und wirksame Alternative zur konventionellen Medizin geschätzt.

In Südamerika, insbesondere in Ländern wie Brasilien und Argentinien, hat die Homöopathie ebenfalls eine starke Präsenz und eine große Anhängerschaft. Homöopathische Praktizierende und Organisationen haben dort eine wichtige Rolle bei der Bereitstellung von Gesundheitsdiensten in ländlichen und abgelegenen Gebieten gespielt, wo der Zugang zur konventionellen Medizin begrenzt ist. Die Homöopathie wird von vielen Menschen in Südamerika als natürliche und ganzheitliche Heilmethode geschätzt, die Körper, Geist und Seele anspricht.

In den Vereinigten Staaten und Kanada hat die Homöopathie eine gemischte Geschichte und wird oft als Teil der alternativen und komplementären Medizin betrachtet. Homöopathische Praktizierende und Organisationen haben dort eine aktive und engagierte Anhängerschaft, obwohl die Homöopathie auch auf Skepsis und Kritik stößt, insbesondere von Teilen der medizinischen Gemeinschaft.

Insgesamt hat die Homöopathie in verschiedenen Ländern und Kulturen eine einzigartige Rolle gespielt und eine vielfältige Palette von Praktiken, Traditionen und Überzeugungen hervorgebracht. Ihre kulturelle Vielfalt und ihre globale Verbreitung spiegeln die Vielseitigkeit und Anpassungsfähigkeit dieser faszinierenden Therapieform wider und machen sie zu einem faszinierenden Gegenstand der Erforschung und des Interesses.

Die Bedeutung der Homöopathie in der modernen Gesellschaft

Die Homöopathie hat in der modernen Gesellschaft eine vielfältige und bedeutende Rolle gespielt, die weit über ihre Anwendung als alternative Heilmethode hinausgeht. In diesem Kapitel werden wir die verschiedenen Aspekte der Bedeutung der Homöopathie in der modernen Gesellschaft untersuchen und ihre Auswirkungen auf das Gesundheitswesen, die Kultur und das individuelle Wohlbefinden beleuchten.

Eine der wichtigsten Dimensionen der Bedeutung der Homöopathie liegt in ihrer Rolle als Alternative zur konventionellen Medizin. In einer Zeit, in der viele Menschen nach ganzheitlichen und natürlichen Behandlungsmethoden suchen, bietet die Homöopathie eine attraktive Option, die auf den Prinzipien der Individualisierung, Ganzheitlichkeit und sanften Heilung basiert. Viele Menschen schätzen die Möglichkeit, ihre Gesundheit aktiv zu fördern und Krankheiten auf eine schonende und nicht-invasive Weise zu behandeln, und wenden sich daher der Homöopathie zu.

Darüber hinaus hat die Homöopathie auch eine wichtige kulturelle und gesellschaftliche Bedeutung. Sie ist Teil eines breiteren Trends zur Rückbesinnung auf traditionelle Heilmethoden und zur Wiederentdeckung des Wertes von Naturheilmitteln und alternativen Therapien. Die Homöopathie wird von vielen Menschen nicht nur als medizinische Behandlungsmethode, sondern auch als Lebensstil und philosophische Überzeugung angesehen, die das individuelle Wohlbefinden und die Selbstverantwortung für die Gesundheit fördert.

Die Bedeutung der Homöopathie erstreckt sich auch auf das Gesundheitssystem und die medizinische Praxis. Obwohl die Homöopathie von Teilen der medizinischen Gemeinschaft skeptisch betrachtet wird, hat sie dennoch einen Platz im modernen Gesundheitswesen eingenommen und wird von vielen Menschen als wichtiger Bestandteil ihres Gesundheitsmanagements angesehen. Homöopathische Praktizierende arbeiten oft in multidisziplinären Teams mit konventionellen Ärzten zusammen und bieten ganzheitliche Behandlungsansätze an, die die Bedürfnisse und Vorlieben der Patienten berücksichtigen.

Insgesamt ist die Homöopathie in der modernen Gesellschaft zu einem wichtigen Bestandteil des Gesundheitswesens und des kulturellen Lebens geworden. Ihre Bedeutung erstreckt sich über die rein medizinische Behandlung hinaus und umfasst auch kulturelle, gesellschaftliche und philosophische Dimensionen. Obwohl sie weiterhin Gegenstand von Debatten und Kontroversen ist, bleibt die Homöopathie eine faszinierende und relevante Therapieform, die Millionen von Menschen auf der ganzen Welt anspricht und unterstützt.

Die Herausforderungen der
Homöopathie im 21. Jahrhundert

Im 21. Jahrhundert sieht sich die Homöopathie einer Vielzahl von Herausforderungen gegenüber, die ihre Regulierung und Anerkennung betreffen. In diesem Kapitel werden wir uns eingehend mit diesen Herausforderungen befassen und untersuchen, wie die Homöopathie auf lokaler, nationaler und internationaler Ebene reguliert wird und um Anerkennung kämpft.

Eine der größten Herausforderungen für die Homöopathie im 21. Jahrhundert ist die Regulierung ihrer Praktiken und Produkte. In vielen Ländern gibt es uneinheitliche oder widersprüchliche Regulierungsrahmen für homöopathische Arzneimittel und Praktiken, was zu Unsicherheit und Verwirrung bei Patienten, Praktizierenden und Regulierungsbehörden führen kann. Einige Länder haben strenge Vorschriften und Standards für die Herstellung, Kennzeichnung und Vermarktung homöopathischer Produkte, während andere weniger strenge Regulierungsregime haben oder die Homöopathie überhaupt nicht regulieren.

Die Anerkennung der Homöopathie als legitime medizinische Praxis und Therapieform ist eine weitere Herausforderung, mit der die Homöopathie konfrontiert ist. Obwohl die Homöopathie von Millionen von Menschen weltweit genutzt wird und eine lange Geschichte und Tradition hat, wird sie von Teilen der medizinischen Gemeinschaft und der öffentlichen Gesundheitsbehörden oft kritisch betrachtet und in Frage gestellt. Die Skepsis gegenüber der Homöopathie beruht oft auf dem Mangel an wissenschaftlichen Beweisen für ihre Wirksamkeit sowie auf Vorurteilen und Missverständnissen über ihre Prinzipien und Methoden.

Um diesen Herausforderungen zu begegnen, setzen sich homöopathische Praktizierende, Organisationen und Verbände weltweit für eine bessere Regulierung und Anerkennung der Homöopathie ein. Sie arbeiten daran, die Qualität und Sicherheit homöopathischer Produkte zu verbessern, die Ausbildung und Zertifizierung von homöopathischen Praktizierenden zu standardisieren und das Bewusstsein und Verständnis für die Homöopathie in der breiten Öffentlichkeit zu fördern.

Auf internationaler Ebene werden Bemühungen unternommen, die Homöopathie in die globalen Gesundheitsagenda einzubeziehen und ihre Rolle bei der Förderung von Gesundheit und Wohlbefinden anzuerkennen. Organisationen wie die Weltgesundheitsorganisation (WHO) und die United Nations Educational, Scientific and Cultural Organization (UNESCO) spielen eine wichtige Rolle bei der Förderung der Homöopathie als Teil eines integrierten Ansatzes zur Gesundheitsversorgung und zur Förderung der traditionellen Medizin.

Trotz dieser Herausforderungen und Hindernisse bleibt die Homöopathie eine bedeutende und faszinierende Therapieform, die Millionen von Menschen auf der ganzen Welt anspricht und unterstützt. Indem sie sich den Herausforderungen des 21. Jahrhunderts stellt und sich weiterentwickelt, kann die Homöopathie ihre Rolle als wichtiger Bestandteil des modernen Gesundheitswesens weiter stärken und ausbauen.

Die Zukunft der Homöopathie

Die Homöopathie steht vor einer Vielzahl von Herausforderungen und Chancen, die ihre Zukunft gestalten werden. In diesem Kapitel werden wir die Trends und Perspektiven untersuchen, die die Entwicklung und Verbreitung der Homöopathie in den kommenden Jahren prägen könnten und wie sich diese Therapieform in einer sich ständig verändernden medizinischen Landschaft behaupten kann.

Ein wichtiger Trend, der die Zukunft der Homöopathie beeinflussen wird, ist die wachsende Nachfrage nach ganzheitlichen und individuellen Gesundheitslösungen. Immer mehr Menschen suchen nach Behandlungsmethoden, die ihre körperlichen, geistigen und emotionalen Bedürfnisse berücksichtigen und sie als aktive Partner in ihrem eigenen Heilungsprozess einbeziehen. Die Homöopathie, die auf den Prinzipien der Ganzheitlichkeit, Individualität und sanften Heilung basiert, kann diesen Bedarf gut erfüllen und als attraktive Option für Menschen dienen, die eine integrative und personalisierte Gesundheitsversorgung suchen.

Ein weiterer wichtiger Trend ist die wachsende Anerkennung und Integration der Homöopathie in das Gesundheitswesen. Obwohl die Homöopathie oft als alternative oder komplementäre Therapie betrachtet wird, gewinnt sie zunehmend an Anerkennung und wird in vielen Ländern in die Gesundheitsversorgung integriert. Immer mehr Krankenhäuser, Kliniken und Gesundheitszentren bieten homöopathische Behandlungen an und arbeiten mit konventionellen Ärzten zusammen, um ganzheitliche und integrative Ansätze zur Patientenversorgung zu entwickeln.

Ein weiterer wichtiger Trend ist die zunehmende Forschung und Evidenzbasierung in der Homöopathie. Während die Homöopathie oft als kontrovers und umstritten betrachtet wird, gibt es eine wachsende Anzahl von wissenschaftlichen Studien und Untersuchungen, die ihre Wirksamkeit und Sicherheit unterstützen. Neue Forschungsmethoden und innovative Studiendesigns tragen dazu bei, unser Verständnis von der Homöopathie zu vertiefen und die Grundlage für fundierte Entscheidungen in der klinischen Praxis zu schaffen.

Darüber hinaus werden technologische Fortschritte und digitale Innovationen die Zukunft der Homöopathie maßgeblich beeinflussen. Telemedizin, mobile Gesundheitsanwendungen und künstliche Intelligenz können dazu beitragen, den Zugang zur Homöopathie zu verbessern, die Patientenversorgung zu personalisieren und die Effektivität und Effizienz der homöopathischen Behandlungen zu steigern.

Insgesamt bietet die Zukunft der Homöopathie eine Fülle von Chancen und Möglichkeiten für ihre Weiterentwicklung und Verbreitung. Durch die Anpassung an aktuelle Trends, die Förderung von Forschung und Evidenzbasierung, die Integration in das Gesundheitswesen und die Nutzung neuer Technologien kann die Homöopathie ihre Rolle als wichtiger Bestandteil des modernen Gesundheitswesens weiter stärken und ausbauen.

Fallstudien und Erfolgsgeschichten aus der homöopathischen Praxis

Dieses Kapitel widmet sich den faszinierenden Fallstudien und inspirierenden Erfolgsgeschichten, die aus der homöopathischen Praxis hervorgegangen sind. Durch die Analyse einzelner Fälle können wir einen tieferen Einblick in die Wirksamkeit und den Nutzen der Homöopathie gewinnen und verstehen, wie sie das Leben der Menschen positiv beeinflussen kann.

In der homöopathischen Praxis werden Patienten mit einer Vielzahl von Beschwerden und Erkrankungen behandelt, von akuten Erkrankungen wie Grippe und Verdauungsstörungen bis hin zu chronischen Krankheiten wie Asthma und Rheuma. In diesem Kapitel werden wir einige dieser Fälle genauer betrachten und sehen, wie homöopathische Mittel dazu beigetragen haben, die Gesundheit und das Wohlbefinden der Patienten zu verbessern.

Eine Erfolgsgeschichte könnte zum Beispiel von einem Patienten handeln, der jahrelang unter Migräne gelitten hat und nach erfolglosen konventionellen Behandlungen zur Homöopathie kam. Durch die individuelle Verschreibung eines homöopathischen Mittels, das auf seine spezifischen Symptome und Beschwerden zugeschnitten war, konnte der Patient eine signifikante Verbesserung seiner Migräneanfälle erleben und seine Lebensqualität erheblich steigern.

Eine weitere Erfolgsgeschichte könnte von einem Kind handeln, das an ADHS (Aufmerksamkeitsdefizit-Hyperaktivitätsstörung) leidet und Schwierigkeiten in der Schule und im sozialen Umfeld hat. Nach einer homöopathischen Behandlung, die darauf abzielte, seine individuellen Symptome und Verhaltensweisen zu adressieren, zeigte das Kind eine deutliche Verbesserung seiner Aufmerksamkeit, Konzentration und Verhaltenskontrolle, was zu einer positiven Veränderung seiner schulischen Leistung und seines sozialen Verhaltens führte.

Diese Fallstudien und Erfolgsgeschichten verdeutlichen die Wirksamkeit und den Wert der Homöopathie als ganzheitliche und individuelle Therapieform. Sie zeigen, wie homöopathische Mittel dazu beitragen können, die Selbstheilungskräfte des Körpers zu aktivieren, Symptome zu lindern und das allgemeine Wohlbefinden zu fördern.

Durch die Analyse dieser Fallstudien können wir nicht nur die Wirksamkeit der Homöopathie besser verstehen, sondern auch wichtige Einsichten gewinnen, die dazu beitragen können, die homöopathische Praxis zu verbessern und die bestmögliche Versorgung für die Patienten zu gewährleisten.

Die Homöopathie in der Populärkultur

Die Homöopathie hat nicht nur in der Medizin, sondern auch in der Populärkultur eine bedeutende Präsenz. In diesem Kapitel werden wir uns mit den Mythen und Missverständnissen befassen, die die Homöopathie in der Populärkultur umgeben und wie sie die öffentliche Wahrnehmung dieser alternativen Therapieform beeinflussen.

Ein häufiges Missverständnis über die Homöopathie in der Populärkultur ist, dass sie lediglich auf Placeboeffekten basiert und keine tatsächliche medizinische Wirkung hat. Diese Auffassung beruht oft auf einem Mangel an Verständnis für die Prinzipien und Methoden der Homöopathie sowie auf Vorurteilen und falschen Informationen. In Wirklichkeit hat die Homöopathie eine lange Geschichte und Tradition und wird von Millionen von Menschen weltweit genutzt, die positive Erfahrungen mit dieser Therapieform gemacht haben.

Ein weiterer Mythos ist, dass homöopathische Mittel harmlos sind und keine Nebenwirkungen haben. Obwohl homöopathische Arzneimittel in der Regel gut verträglich sind und weniger Nebenwirkungen als konventionelle Medikamente haben können, ist es dennoch wichtig zu beachten, dass sie potent sind und in bestimmten Fällen Nebenwirkungen oder Wechselwirkungen mit anderen Medikamenten haben können. Es ist daher wichtig, homöopathische Mittel unter der Aufsicht eines qualifizierten Homöopathen einzunehmen, der eine individuelle Verschreibung vornehmen kann.

Ein weiteres verbreitetes Missverständnis ist, dass die Homöopathie eine rein esoterische oder spirituelle Praxis ist und keinen wissenschaftlichen Grundlagen hat. Während die Homöopathie auf bestimmten Prinzipien beruht, die sich von den Grundlagen der konventionellen Medizin unterscheiden, gibt es dennoch eine wachsende Anzahl von wissenschaftlichen Studien und Untersuchungen, die ihre Wirksamkeit und Sicherheit unterstützen. Neue Forschungsmethoden und innovative Studiendesigns tragen dazu bei, unser Verständnis von der Homöopathie zu vertiefen und die Grundlage für fundierte Entscheidungen in der klinischen Praxis zu schaffen.

Insgesamt zeigt die Homöopathie in der Populärkultur eine Vielzahl von Mythen und Missverständnissen auf, die oft auf Vorurteilen, falschen Informationen und fehlendem Verständnis beruhen. Durch eine fundierte Aufklärung und eine objektive Betrachtung der Fakten können viele dieser Missverständnisse korrigiert und ein klareres Bild von der Homöopathie als alternative und wirksame Therapieform vermittelt werden.

Über den Autor

Lutz Spilker wurde im Jahre 1955 in Duisburg geboren.

Bevor er zum Schreiben von Romanen und Dokumentationen fand, verließen bisher unzählige Kurzgeschichten, Kolumnen und Versdichtungen seine Feder.

In seinen Büchern befasst er sich vorrangig mit dem menschlichen Bewusstsein und der damit verbundenen Wahrnehmung. Seine Grenzen sind nicht die, welche mit der Endlichkeit des Denkens, des Handelns und des Lebens begrenzt werden, sondern jene, die der empirischen Denkform noch nicht unterliegen.

Es sind die Möglichkeiten des Machbaren, die Dinge, welche sich allein in der Vorstellung eines jeden Menschen darstellen und aufgrund der Flüchtigkeit des Geistes unbewiesen bleiben. Die Erkenntnis besitzt ihre Gültigkeit lediglich bis zur Erlangung einer neuen und die passiert zu jeder weiteren Sekunde.

Die Welt von Lutz Spilker beginnt dort, wo zu Beginn allen Seins nichts Fassbares war, als leerer Raum. Kein Vorne, kein Hinten, kein Oben und kein Unten. Kein Glaube, kein Wissen, keine Moral, keine Gesetze und keine Grenzen. Nichts.

In Lutz Spilkers Romanen passieren heimtückische Morde ebenso wie die Zauber eines Märchens. Seine Bücher sind oftmals Thriller, Krimi, Abenteuer, Science Fiction, Fantasy und selbst Love-Story in einem.

»Ich liebe die Sprache: Sie vermag zu streicheln, zu liebkosen und zu Tränen zu rühren. Doch sie kann ebenso stachelig sein, wie der Dorn einer Rose und mit nur einem Hieb zerschmettern.«

In dieser Reihe sind bisher erschienen

Die Erfindung der Langeweile
Die Erfindung des Menschen
Die Erfindung des Geldes
Die Erfindung des Teufels
Die Erfindung des Erfolgs
Die Erfindung der Sterblichkeit
Die Erfindung der Lüge
Die Erfindung der Freiheit
Die Erfindung des Todes
Die Erfindung der Welt
Die Erfindung des Inselmenschen
Die Erfindung der Zeit
Die Erfindung der Seele
Die Erfindung der Politik
Die Erfindung des Gewissens
Die Erfindung der Religion
Die Erfindung der Schuld
Die Erfindung der Gerechtigkeit
Die Erfindung des Friedens
Die Erfindung des Selbstgesprächs
Die Erfindung der Zukunft
Die Erfindung der Pornographie
Die Erfindung der Verschwendung
Die Erfindung des Erwachsenseins
Die Erfindung der Hölle
Die Erfindung der Überbevölkerung
Die Erfindung des Himmels
Die Erfindung der Monarchie
Die Erfindung der Unterhaltung
Die Erfindung der Sprache

Die Erfindung der Musik
Die Erfindung der Wiedergeburt
Die Erfindung des Zufalls
Die Erfindung der Namen
Die Erfindung des Bewusstseins
Die Erfindung des freien Willens
Die Erfindung des Wahrsagens
Die Erfindung der Körpersprache
Die Erfindung des Schlafs
Die Erfindung der Sklaverei
Die Erfindung der Angst
Die Erfindung der Vernunft
Die Erfindung des Vollmonds
Die Erfindung des Vitamin B
Die Erfindung des Make-Up
Die Erfindung des Weihnachtsfestes
Die Erfindung des Ku-Klux-Klan
Die Erfindung des Träumens
Die Erfindung der Flaschenpost
Die Erfindung der Mafia
Die Erfindung der Freimaurer
Die Erfindung der Freibeuter
Die Erfindung der Raumfahrt
Die Erfindung der Tempelritter
Die Erfindung des ADHS-Syndroms
Die Erfindung der Homöopathie
Die Erfindung der Freizeitparks

Zeitfracht Medien GmbH
Ferdinand-Jühlke-Straße 7
99095 Erfurt, Deutschland
produktsicherheit@kolibri360.de